Zur Theorie der Willenserklärung.

Sonderdruck aus:
Drei Beiträge zum bürgerlichen Recht.

Heinrich Degenkolb
zum fünfzigjährigen Doktorjubiläum

im Auftrag der Leipziger Juristenfakultät

dargebracht
von
R. Sohm, E. Hölder, E. Strohal.

Zur Theorie

der

Willenserklärung.

Von

Eduard Hölder.

Leipzig,
Verlag von Duncker & Humblot.
1905.

Über den „Zeitpunkt des Zugehens bei empfangsbedürftigen schriftlichen Willenserklärungen" hat Titze in Jherings Jahrb. 47 S. 379 ff. eine Untersuchung veröffentlicht. Er erklärt, er beschränke sich auf die Fälle der schriftlichen Übermittlung von Willenserklärungen (S. 379), weil von ihnen die Fälle ihrer mündlichen Übermittlung wesentlich verschieden seien. Hier fällt auf die Ersetzung der im Titel genannten schriftlichen durch die schriftlich übermittelten Willenserklärungen. Die Übermittlung einer Willenserklärung hat diese zum Gegenstand als eine vollzogene. Meine Erklärung ist ihrem Empfänger schriftlich übermittelt worden durch schriftliche Mitteilung ihrer erfolgten Vollziehung. Ist sie dagegen selbst eine schriftliche, so ist sie erst vollzogen, wenn ich die Schrift fertiggestellt und ihre Übermittlung an den Empfänger angeordnet habe, wogegen diese nicht eine schriftliche ist, erfolge sie nun durch Zusendung oder durch Niederlegung der Schrift an einem für ihre Abholung durch den Empfänger bestimmten Orte. Schriftliche Übermittelung ist Übermittlung durch das Mittel der Schrift. Titze meint aber vielmehr eine solche Übermittelung, deren Gegenstand ein an den Empfänger der Erklärung gelangendes Schriftstück ist und die durch dessen Transport erfolgt. Er erwähnt es als Besonderheit des Schriftstücks, es ermögliche, auch wenn es zunächst unbeachtet geblieben ist, „dem Adressaten regelmäßig die nachträgliche Kenntnisnahme seines Inhalts: littera scripta manet", wogegen das flüchtige Wort, sobald es verhallt sei, keinerlei Daseinsspuren hinterlasse. Hinterläßt aber das gehörte Wort keinerlei Spur seines Daseins in der Erinnerung dessen, der es gehört hat? Und verwischt sich nicht auch die Daseinsspur des geschriebenen Wortes? Wie leicht kommt ein Stück Papier ab=

handen. Bin ich in der Lage, vom Inhalte eines solchen Kenntnis zu nehmen, wenn es in meiner Abwesenheit auf meinen Schreibtisch gelegt wurde und vor meiner Heimkunft der Wind es aus dem offenen Fenster entführt hat? Und setzt jede schriftliche Erklärung ein eigenes „Schriftstück" voraus? Habe ich sie, weil die Wohnung des Adressaten verschlossen war, auf dessen vor jener hängender Schiefertafel oder in Gemäßheit einer Vereinbarung mit ihm an einem bestimmten anderen Orte angeschrieben, so konnte er keine Kenntnis von ihr nehmen, wenn, ehe er an den bestimmten Ort kam, meine Schrift durch Zufall oder fremde Tat ausgelöscht war. Und kommt nicht neben der mündlichen und schriftlichen die Erklärung durch andere Zeichen in Frage? Die Unterscheidung, die Titze macht, ist weder erschöpfend noch so wichtig, wie er annimmt, und sie ist dem Gesetze fremd. Dieser Umstand würde für sich nichts gegen ihre Richtigkeit und Fruchtbarkeit beweisen. Würde aber das vom Gesetze als einheitlicher Begriff gefaßte „Zugehen" in verschiedenen Fällen Verschiedenes bedeuten, so daß es um eine in verschiedene Arten zerfallende Gattung sich handeln würde, so ließe doch keine dieser Arten sich bestimmen ohne Bestimmung der Gattung.

Als „Mindesterfordernis für das Zugehen" bezeichnet Titze den „Besitzerwerb am Schriftstück" (S. 387). Dieser auch schon von anderen geäußerte und für eine Reihe von Fällen sehr naheliegende Gedanke schließt aber die Bildung eines auch andere Fälle umfassenden Gattungsbegriffs des Zugehens aus. Dies gilt nicht nur für das Zugehen anderer als schriftlicher Willenserklärungen sowie solcher Willenserklärungen, die nicht durch ein eigenes Schriftstück erfolgen. Haben wir z. B. verabredet, daß ich ein solches an einem bestimmten nicht vom Adressaten beherrschten Orte niederlege, damit dieser es dort abhole, so kann von jenem Mindesterfordernisse des Besitzerwerbes keine Rede sein. Würde es bestehen, so würde der Adressat, für dessen Abholung das Schriftstück dort niedergelegt ist, durch deren Unterlassung das Zugehen verhindern können. Wäre das Schriftstück ein offenes Blatt, so würde er sogar es lesen und je nach seinem Inhalte entweder an sich nehmen und dadurch zu einem ihm zugegangenen erheben oder mit der Wirkung liegen laſſen können, daß es ihm nicht zugegangen wäre. Wenn Tiße für das Zugehen einen ſolchen Besitzerwerb des die Willenserklärung enthaltenden Schriftſtücks fordert, daß der Adreſſat „unter normalen Verhältniſſen ohne weiteres von ihrem Inhalte Kenntnis nehmen kann" (S. 387), ſo liegt, wenn der Besitzerwerb das Zugehen deshalb begründet, weil er dieſe Möglichkeit gewährt, das entſcheidende Moment nicht in jenem, ſondern in dieſer. Tiße meint von ſeiner Auffaſſung, ſie allein werde „der vom Geſetz adoptierten Empfangstheorie" gerecht (S. 389). Das iſt ja aber gerade die Frage, was der „Empfang" oder das „Zugehen" einer Willenserklärung bedeutet, und wenn die Willenserklärung keinesfalls als ſolche eine körperliche Sache iſt, ſo kann auch ihr Empfang als ſolcher nicht die ausſchließlich auf körperliche Sachen anwendbare Bedeutung des Besitzerwerbs haben. Ergibt ſich das Erfordernis der normalerweiſe dem Adreſſaten gewährten Gelegenheit der Kenntnis der Erklärung daraus, daß Gegenſtand des in Frage ſtehenden Empfangs eine Willenserklärung iſt, ſo ergibt ſich daraus nur jenes Erfordernis und nicht daneben das Erfordernis des Besitzerwerbes, das mithin nicht als ein ſelbſtändiges, ſondern nur inſoweit beſteht, als ohne ſeine Erfüllung jene Gelegenheit nicht gewährt wäre. Tiße bezeichnet einesteils den Besitzerwerb als das Mindeſterfordernis für das Zugehen, das erfolge durch einen die Kenntnisnahme ermöglichenden Besitzerwerb, verlangt aber anderenteils für das Zugehen „außer der Möglichkeit der Kenntnisnahme noch den Besitzerwerb am Schriftſtück", bezeichnet alſo beide Erforderniſſe als ſolche, die ſelbſtändig nebeneinander exiſtieren, wobei ſich fragt, warum der Besitzerwerb, wenn die Gelegenheit zur Kenntnisnahme nicht von ihm abhängt, doch neben dieſer erforderlich ſein ſoll.

Da der Beſitz erworben wird „durch die Erlangung der tatſächlichen Gewalt über die Sache" (§ 854 BGB), von der zwar beſtritten iſt, inwieweit ſie vom Erwerber gewollt ſein muß, die aber keinesfalls ihm gegen seinen Willen aufgedrungen werden kann, so kommt Titze konsequent zum Ergebnisse, daß der Empfang der Willenserklärung stets ausgeschlossen ist als ein vom Adressaten verweigerter, so insbesondere auch, wenn er „dem Überbringer das Schreiben zwar zunächst aus der Hand nimmt, es ihm aber sofort, nachdem er an dem Briefumschlag die absendende Stelle erkannt hat, uneröffnet zurückgibt" (S. 389). Er gibt zu, daß nach dieser Auffassung „etwas von Unbilligkeit für den Absender übrig bleiben" möge, meint aber, die gegenteilige Meinung enthalte „ähnliche Härten für den Empfänger" (S. 392). Er bildet das Beispiel, daß in der Dämmerung der einen Kündigungsbrief überbringende Bote des Vermieters für einen Bettler gehalten und mit dem Brief fortgeschickt wird. Hier soll es billig sein, die Möglichkeit nachträglicher Kündigung zu gewähren, aber durchaus unbillig, die mißglückte Kündigung gegen den völlig gutgläubigen Mieter wirken zu lassen. War aber hier etwa der Vermieter weniger gutgläubig? Und soll seine vielleicht am letzten Tage der Kündigungsfrist erfolgte und daher nicht mehr wiederholbare Kündigung als nicht erfolgt gelten? Und wie wäre es im Falle mündlicher Botschaft? Soll der Mieter, der vielleicht längst die Kündigung befürchtet, sie dadurch vereiteln können, daß er dem bei ihm erscheinenden Hausmann gegenüber, in dem er ihren Überbringer errät, sich die Ohren zuhält?

„Schwierigkeiten" entstehen nach Titze für den Fall, daß „jemand für die Dauer seiner Abwesenheit die ankommenden Briefe an einen Dritten dirigiert, der sie zunächst in Empfang nehmen und dann weiterbefördern soll" (S. 399); doch sei hier die Entscheidung „schwierig nicht aus rechtlichen, sondern aus tatsächlichen Gründen" (S. 400). Entweder sei nämlich der Dritte ein Vertreter des Adressaten, so daß die Erklärung wirksam sei als eine jenem zugegangene, oder sei er „lediglich eine Briefsvermittlungsstelle", in welchem Falle die Erklärung zweifellos erst zugegangen sei, wenn sie auf Grund seiner Nachsendung beim Adressaten eintreffe (S. 400). Ob das eine oder das andere zutreffe, werde „sich im einzelnen Falle nicht immer leicht entscheiden lassen" (S. 401). Es sei ein Kennzeichen der Vertretereigenschaft des Dritten, wenn ihm „das Öffnen der einlaufenden Briefe gestattet" sei, dagegen nicht ein Kennzeichen des Gegenteils, wenn er „die Briefe uneröffnet nachzusenden verpflichtet" sei. Es komme ganz an auf den Willen des Adressaten, der „sich im einzelnen Falle nur auf Grund der ihn begleitenden Umstände ermitteln" lasse (S. 402). „Im Zweifel wird man wohl davon ausgehen müssen, daß er auf eine Vollmachtserteilung hinsichtlich des Briefempfanges gerichtet gewesen ist."

Diese Ausführung gelangt zur entscheidenden Bedeutung eines Willens, der aus den „ihn begleitenden Umständen" entnommen werden soll, kann aber nicht angeben, auf welche Umstände es für seinen Inhalt ankommt, und sie entscheidet die Frage, welchen Inhalt er im Zweifel hat, weder mit voller Bestimmtheit noch mit irgendwelcher Begründung. Einer solchen hätte die Entscheidung des Verfassers um so mehr bedurft, da nach seiner Bestimmung die Willenserklärung zugegangen ist durch Erwerb eines solchen Besitzes des sie enthaltenden Schriftstücks, daß der Erwerber „unter normalen Verhältnissen ohne weiteres von ihrem Inhalte Kenntnis nehmen kann". Wie verhält sich dazu die Annahme ihres Zugehens durch einen Besitzerwerb, der dem Erwerber diese Möglichkeit nicht gewährt, weil er das Schriftstück nicht öffnen darf? Zugleich ist die ganze vom Verfasser aufgestellte Alternative unvollständig. Meine Bestimmung, daß Willenserklärungen mir dadurch zukommen können, daß sie einem anderen zukommen, kann nicht nur bedeuten seine Bestellung zu einem solchen, der sie als mein Vertreter empfangen, oder zu einem solchen, der sie mir übermitteln soll, sondern auch die nach meiner Bestimmung durch seinen Empfang mir gewährte Gelegenheit der Kenntnisnahme. Erbitte ich mir Mitteilungen unter einer bestimmten fremden Adresse, so bestimme ich, daß sie an mich gelangt sind, wenn sie an jene Adresse gelangt sind, oder daß die der Person, unter deren Adresse sie erbeten sind, gewährte Gelegenheit, von ihnen Kenntnis zu nehmen, die gleiche mir gewährte Gelegenheit bedeutet. Dies kann tatsächlich zutreffen, weil ich z. B. als Gast bei jener Person weile und ebenso, wie sie selbst, in der Lage bin, von den an sie gelangten Zusendungen Kenntnis zu nehmen. Weile ich anderswo und kann ich daher nicht von dem an jene Person Gelangten schon deshalb Kenntnis nehmen, weil es an sie gelangt ist, so ist es möglich, daß mir an eigener Kenntnis überhaupt nichts liegt, weil ich die ganze Besorgung meiner Geschäfte oder der bestimmten Geschäfte jener Person überlassen habe, und es ist möglich, daß ich die eigene Kenntnis der für mich an sie gelangten Erklärungen mir durch sie verschaffe, was aber nicht nur so geschehen kann, daß sie mir die Briefe nachschickt, sondern auch so, daß ich die für mich bei ihr angelangten Briefe abhole. Erbitte ich mir Briefe unter einer fremden Adresse, so habe ich damit in keiner Weise erklärt, ob der Inhaber dieser Adresse sie für mich lesen, mir nachschicken oder so lange aufbewahren soll, bis ich sie abhole. Ich habe aber bestimmt, daß die ihm zugegangenen Briefe als mir zugegangen gelten. Sind sie in seinen Besitz gelangt, so sind sie dadurch in keinem jener drei Fälle in meinen (unmittelbaren) Besitz gelangt. Sie sind aber in jedem dieser drei Fälle dadurch, daß sie ihm zugegangen sind, mir zugegangen, so daß sie auch im zweiten und dritten Falle mir nicht erst dann zugehen, wenn sie mir nachgeschickt oder von mir abgeholt sind. Es steht damit genau so, wie wenn ich mir die Anbringung oder Niederlegung einer für mich bestimmten Erklärung an einem nicht von mir beherrschten Orte, z. B. einer bestimmten Stelle eines öffentlichen oder sonst mir zugänglichen Platzes erbitte. Habe ich sie mir für eine bestimmte Zeit erbeten, so ist sie mir rechtzeitig zugegangen, wenn sie vor dem Ablauf dieser Zeit an jenem Orte niedergelegt wurde. Unterbleibt meine Abholung derselben, so steht es ebenso, wie wenn ich einen für mich in meiner Wohnung auf meinen Schreibtisch gelegten Brief an mich zu nehmen unterlasse. Ist der von mir unter fremder Adresse erbetene Brief rechtzeitig an diese gelangt, so kann ich darauf, daß seine Nachsendung durch den Inhaber dieser Adresse oder seine Ab=

holung durch mich versäumt wurde, mich ebenso wenig berufen wie
darauf, daß ich es versäumt habe, den in Gemäßheit meines Willens
für mich an einem bestimmten Orte niedergelegten Brief abzuholen,
oder daß der in meiner Wohnung abgegebene Brief durch meine
oder der Meinigen Versäumnis nicht in meine Hände gelangt ist.
Wenn jene drei Fälle sich dadurch unterscheiden, daß in der Regel
der in meiner Wohnung abgegebene Brief in meinen Besitz, der bei
einem anderen Adressaten abgegebene Brief in dessen Besitz, dagegen
der an einem dritten Orte niedergelegte Brief in niemands Besitz
übergegangen ist, so unterscheiden sie sich doch nicht bezüglich der
dadurch erfolgten Erhebung der Erklärung zu einer mir zu=
gegangenen.

Daß mir eine Erklärung zugeht oder zuteil wird, daß ich eine
solche erhalte oder empfange, bedeutet im eigentlichen Sinne des
Wortes ihre Erhebung zu einem Gegenstande meines Bewußtseins;
denn jede Erklärung an einen anderen erfolgt, damit sie zu einem
Gegenstand seines Bewußtseins werde, und ist ihm nicht wirklich
zuteil geworden, ehe sie zu einem solchen geworden ist.

Die Gleichstellung der im weitern Sinne des Wortes ihm zu=
gegangenen, d. h. seiner Kenntnisnahme zugänglich gewordenen Er=
klärung mit einer zu seiner Kenntnis gelangten beruht darauf, daß
zwar ihr Urheber dafür zu sorgen hat, daß sie zu seiner Kenntnis
gelangen könne, daß aber eine solche Vereitelung oder Verzögerung
derselben, die zu erwarten jener keine Ursache hatte, den rechtlichen
Erfolg der Erklärung nicht hindern soll, wenn sie dem Lebensgebiet
ihres Empfängers angehört. Nehmen wir den gewöhnlichsten Fall
einer brieflichen durch die Post übermittelten Erklärung, so gehört
die Reihe der regelmäßig zwischen ihrer Vollziehung durch ihren
Urheber und ihrer Kenntnisnahme durch ihren Empfänger liegenden
Vorgänge an ihrem Anfange dem Lebensgebiet des einen, an ihrem
Ende dem Lebensgebiete des andren und dazwischen weder dem
einen noch dem andren individuellen Lebensgebiete an. Verläuft
jene Reihe nicht ohne Störung und unterbleibt deshalb die Kenntnis=
nahme der Erklärung durch ihren Empfänger, so bedeutet sowohl

die trotzdem eintretende als die deshalb nicht eintretende Wirksamkeit der Erklärung einen Nachteil für einen Beteiligten. Es ist ein Nachteil für ihren Empfänger, wenn er sie trotz seiner unterbliebenen Kenntnis gelten lassen muß, und es ist ein Nachteil für ihren Urheber, wenn er trotz seiner Vollziehung derselben sie nicht geltend machen kann. Wir können nicht dem einen den einen Nachteil ersparen, ohne dem andern den andern Nachteil aufzuerlegen. Keiner von beiden Nachteilen tritt, wie der durch einen Vorgang von realer Bedeutung gestiftete Schaden, unabhängig von der Bestimmung des Rechtes ein, so daß nur die im Zweifel zu verneinende Frage entstehen würde, ob durch Rechtsbestimmung eine Überwälzung desselben auf eine andre Person erfolgen soll. Vielmehr hängt der Eintritt des einen oder des andren Nachteils ganz davon ab, ob das Gesetz die rechtliche Wirksamkeit der Erklärung trotz der eingetretenen Störung bestimmt oder wegen derselben ausschließt. Haben wir nun nur die Wahl zwischen der Bestimmung eines Nachteils für den einen oder den anderen, so ist es angemessen, daß jedem der Nachteil einer solchen Störung zufalle, die innerhalb seines Lebensgebietes sich ereignet hat. Ob er sie verschuldet hat oder nicht, ist dafür gleichgültig, denn keinesfalls hat sie der andre verschuldet, und wenn sie einen Nachteil entweder für den einen oder für den anderen haben muß, so ist das Ergebnis vorzuziehen, daß sie ihn für jenen habe. Mein postfertiger Brief kann nicht zur Post und dadurch nicht zum Adressaten gelangt sein, ohne daß weder mich noch den durch mich mit seiner Überbringung zur Post Beauftragten eine Schuld trifft, was nichts daran ändert, daß dadurch ein Nachteil für mich mit mehr Recht entsteht als für den Adressaten. Ist dagegen in dessen Wohnung der Brief durch den Postboten abgegeben, so ist er vielleicht doch nicht in die Hände des Adressaten gelangt und zwar gleichfalls möglicher Weise ohne jede weder ihn noch andre treffende Schuld, was wieder nichts daran ändert, daß dadurch ein Nachteil für ihn mit mehr Recht entsteht als für den Absender. Zweifelhafter ist dagegen die Frage, wie es steht, wenn die Störung sich ereignet hat im Gebiete des postalischen mit der Auflieferung zur Post beginnenden und mit der Ablieferung durch sie endigenden Transports. Dadurch, daß die Erklärung nur wirksam wird als eine ihrem Empfänger zugegangene, gereicht im gegenseitigen Verhältnisse des Urhebers und Empfängers der Erklärung ein in jenem Gebiete sich ereignender, den bestimmungsgemäßen Transport vereitelnder Umstand zum Nachteil ihres Urhebers. Diese Entscheidung ist in der Regel dadurch gerechtfertigt, daß er der Urheber sowohl der ganzen Erklärung als ihrer Übermittlung auf dem bestimmten Wege ist.

Begründet jede Mitteilung wegen der Möglichkeit, daß sie nicht zur Kenntnis ihres Empfängers gelangt, entweder die Gefahr für diesen, daß er sie gelten lassen muß, obgleich sie nicht zu seiner Kenntnis gelangt ist, oder die Gefahr für ihren Urheber, daß er sie nicht geltend machen kann, obgleich er sie vollzogen hat, so ist es billig, daß sie zunächst auf dessen Gefahr und erst dann auf die Gefahr ihres Empfängers erfolge, wenn sie aus einem solchen Grunde nicht zur Kenntnis ihres Empfängers gelangt ist, der dem Gebiete seines Lebens angehört. Hat er die Erklärung erbeten und ihrem Urheber einen Boten zugeschickt, dem gegenüber dieser sie vollziehen soll, so ist sie ihm schon durch ihre Vollziehung zugegangen, weil ihre Übermittlung durch seinen Boten an ihn ein dem Gebiete seines Lebens angehörender Vorgang ist. Die Bestimmung des § 120 BGB., daß die durch die dazu verwendete Person oder Anstalt unrichtig übermittelte Erklärung als eine (anfechtbare) Erklärung des übermittelten Inhalts zu stande gekommen ist, gilt nur für den Fall solcher Verwendung einer Person oder Anstalt durch den Urheber der Erklärung. Hat nicht dieser sie verwendet, um durch sie die Erklärung dem Empfänger zugehen zu lassen, sondern der Empfänger sie verwendet, um durch sie die Erklärung zu empfangen, so hat er sie dadurch empfangen, daß die von ihm verwendete Person oder Anstalt sie empfangen hat, daher auch so wie diese sie empfangen hat und nicht so, wie sie durch deren Vermittlung ein möglicher Gegenstand seiner Kenntnis geworden ist. Die Besitzfrage ist dafür, daß die meinem Boten gemachte oder übergebene Erklärung mir zugegangen ist, ohne Bedeutung. Der Bote kann ein Diener sein, durch dessen Inhabung der Herr Besitz erwirbt. Er kann aber auch ein solcher sein, der den Botendienst aus Gefälligkeit oder gewerbsmäßig tut. In diesem Fall erwirbt er selbst den Besitz des ihm übergebenen Briefes und schuldet auch nicht schlechthin dessen Ablieferung an seinen Empfänger, da er z. B. ein Zurückbehaltungsrecht wegen seiner Kosten haben kann. Macht mir aber jemand durch irgend einen zu mir geschickten Menschen einen Antrag mit der Bestimmung, ich solle diesem die Antwort schriftlich oder mündlich geben, so muß er die diesem auf die von ihm bestimmte Weise gegebene Antwort als eine von ihm erhaltene gelten lassen und kann nicht sich darauf berufen, daß sie ihm verspätet, entstellt oder gar nicht überbracht oder ausgerichtet wurde. Und es ist keine Rede davon, daß ein solcher Bote nicht ein bloßer Bote, sondern ein Vertreter wäre. Er kann auch ein noch nicht siebenjähriger Knabe oder ein Geisteskranker gewesen sein. Kann er doch auch ein Tier gewesen sein. Habe ich es so abgerichtet, daß ich es zu einem andern schicken kann mit einem Korb im Maul, in dem ein Brief liegt, und soll nach meinem Willen der andre seine Antwort in den Korb legen, damit sie durch das Tier an mich gelange, so muß ich die in den Korb gelegte Antwort als von mir erhalten gelten lassen, wenngleich sie nicht an mich gelangt ist. Es verhält sich hier genau so, wie mit jeder Erklärung, die an einem bestimmten Orte angebracht werden sollte und an ihm angebracht, aber vom Empfänger nicht vorgefunden wurde.

Die Gleichstellung der im weiteren Sinne des Wortes mir zugegangenen oder zuteil gewordenen mit einer zu meiner Kenntnis gelangten Erklärung gehört zu den sehr zahlreichen Fällen, in denen das Recht die unterbliebene Unkenntnis eines bestimmten Umstands wegen ihres Grundes seiner eingetretenen Kenntnis gleichstellt. Die Verfasser des BGB. haben die Frage, wann eine solche Gleichstellung anzunehmen sei, sich nicht in ihrer Allgemeinheit vorgelegt und sie für verschiedene Verhältnisse sehr verschieden entschieden, ohne daß für diese Verschiedenheit stets ein Grund ersichtlich wäre. Das BGB. kennt

1. die Gleichstellung

a) der auf grober Fahrlässigkeit beruhenden Unkenntnis eines Umstandes mit seiner Kenntnis dadurch, daß jene gleich dieser den guten Glauben ausschließt;

b) jeder auf Fahrlässigkeit beruhenden Unkenntnis eines Umstandes mit seiner Kenntnis in den Fällen, wo dem Kennen das Kennenmüssen gleichsteht;

c) nicht nur verschuldeter Unkenntnis, sondern auch einer aus anderen Gründen unterbliebenen Kenntnis:

α) im Falle der zwar nicht zur Kenntnis ihres Empfängers gelangten, aber im weiteren Sinne des Wortes ihm zugegangenen Willenserklärung,

β) in den Fällen einer ihrem Empfänger weder bekannt gewordenen, noch im weiteren Sinne des Wortes zugegangenen, aber doch an ihn abgesendeten Anfechtung und Anzeige. Es verneint

2. in anderen Fällen jede Gleichstellung der wenn auch noch so grob verschuldeten Unkenntnis mit der Kenntnis, so

a) in Beziehung auf die Rechte an Grundstücken,

b) in Beziehung auf die Unrichtigkeit eines Erbscheines,

c) im Falle des Irrtums über den Inhalt der Willenserklärung,

d) im Falle der dem Schuldner nicht bekannt gewordenen Abtretung einer Forderung.

In den zwei letzten Fällen ist die Bestimmung des Gesetzbuchs höchst bedauerlich. Es ist nicht zu billigen, daß auch der unentschuldbarste Irrtum über den Inhalt meiner Willenserklärung mich zu ihrer Anfechtung berechtigt. Es ist ebensowenig zu billigen, daß dieses durch das Unterbleiben seiner unverzüglichen Ausübung nach eingetretener Kenntnis des Irrtums erlöschende Anfechtungsrecht nicht dadurch erlischt, daß diese Kenntnis aus gröbster Fahrlässigkeit unterblieb. Es ist inkonsequent, die Eigenschaft des Irrtums als eines Anfechtungsgrundes zwar davon abhängig zu machen, daß seine bestimmende Bedeutung, aber nicht davon, daß seine Existenz nicht auf Unverstand des Irrenden beruhte. Und es ist höchst ungerecht gegen den anderen, zwar dem Irrenden die Anfechtung trotz gröbster Fahrlässigkeit zu gewähren, aber jenem den Anspruch auf Schadensersatz zu versagen, sobald er den Irrtum oder dessen bestimmende Bedeutung aus Fahrlässigkeit nicht erkannte.

Daß im Falle der Abtretung einer Forderung nach § 407 BGB. nur ihre wirkliche Kenntnis durch den Schuldner dessen Zahlung an den bisherigen Gläubiger usw. ausschließt, würde die fortdauernde Möglichkeit dieser selbst für den Fall begründen, daß ein die Abtretung mit voller Sicherheit bezeugendes Schriftstück in die Hand des Schuldners gelangt wäre, falls nur er es nicht gelesen hätte. Diese Annahme ist aber praktisch unerträglich, und wir entgehen ihr, wenn wir bedenken, daß die rechtliche Wirksamkeit der ihrem Empfänger zugegangenen Mitteilung ihre rechtliche Gleichstellung mit einer ihm wirklich zuteil gewordenen bedeutet, wodurch ihr Inhalt rechtlich einem von ihm gekannten gleichsteht. § 130 bestimmt allerdings diese Gleichstellung nur für Mitteilungen, die Willenserklärungen, und nicht für solche, die lediglich Anzeigen sind; daß sie aber, wie für jene, so auch für diese gilt, ist um so weniger zu bezweifeln, da für eine Reihe von Anzeigen das BGB. die noch weiter gehende Gleichstellung der erst abgesendeten Anzeige mit einer vollendeten oder ihrem Empfänger bekannt gewordenen bestimmt.

In Beziehung auf Willenserklärungen unterscheidet das BGB. von ihrem Zugehen ihre Abgabe, die mit ihrer Absendung nicht identisch ist. Der Ausdruck ist nicht besonders gut gewählt. Im allgemeinen Sprachgebrauche ist zwar die Bezeichnung der Übergabe für den Akt des Übergebens, aber nicht die Bezeichnung der Gabe und Abgabe für den Akt des Gebens und Abgebens üblich, und dem Laien liegt es nahe, unter der abgegebenen Erklärung gerade die zugegangene zu verstehen, da er sie mit dem sie enthaltenden Schriftstücke identifiziert und daher bei ihrer Bezeichnung als einer abgegebenen leicht an dessen Eigenschaft denkt, am Empfangsort abgegeben oder dem Empfänger übergeben zu sein. Die Absendung kann mit der Abgabe zusammenfallen oder ihr nachfolgen. Die Abgabe ist geschehen, wenn die Absendung angeordnet ist. Die Gleichstellung der abgesendeten, aber auch erst der abgesendeten Anzeige mit einer vollendeten beruht darauf, daß ihre Absendung noch ein Vorgang innerhalb des Lebensgebiets ihres Urhebers ist. Wo sie für die Wirksamkeit einer Mitteilung genügt, da trifft ihren Urheber nicht nur nicht die Gefahr, daß seine Mitteilung nicht zur Vollendung gelangt aus einem dem Lebensgebiete ihres Empfängers angehörenden Grunde, sondern überhaupt nicht die Gefahr, daß sie nicht zur Vollendung gelangt aus einem nicht seinem eigenen Lebensgebiete angehörenden Grunde. Dagegen trifft ihn auch hier die Gefahr des Unterbleibens der Vollendung seiner Mitteilung dadurch, daß die von ihm angeordnete Absendung derselben unterbleibt, weil diese noch seinem Lebensgebiete angehört. Handle ich bezüglich der meinem Lebensgebiete angehörenden Vorgänge auf meine, dagegen bezüglich der dem Lebensgebiete des anderen angehörenden Vorgänge auf dessen Gefahr, so daß die Vereitelung der Vollendung meiner Mitteilung durch jene, aber nicht ihre Vereitelung durch diese meine Mitteilung nicht zu rechtlicher Wirksamkeit gelangen läßt, so fragt sich bezüglich der Vorgänge des dritten zwischen jenen beiden liegenden Gebiets, ob sie behandelt werden wie die Vorgänge des einen oder des anderen. Zwischen solchen Anzeigen, für deren Wirksamkeit ihre Absendung genügt, und anderen Mitteilungen besteht der Unterschied, daß jenes Zwischengebiet dort dem Lebensgebiete des Empfängers, dagegen hier dem Lebensgebiet des Urhebers der Mitteilung hinzugerechnet wird. Dieser Unterschied hängt nicht zusammen mit dem Unterschiede der Willenserklärung und einer bloßen Anzeige. Die Mitteilung einer erfolgten Cession ist eine bloße Anzeige, die nach den allgemeinen Grundsätzen über Mitteilungen wirksam zu sein verdient als eine dem Empfänger im weiteren Sinne des Wortes zugegangene, aber nicht als eine bloß abgesendete. Durch sie erlangt erst die Cession ihre volle Wirksamkeit (worauf hier nicht näher eingegangen werden kann). Dagegen genügt die Absendung bei solchen Mitteilungen, die nicht sowohl eine Rechtsänderung als die Abwendung einer solchen bezwecken und wobei es darauf ankommt, daß ihr Urheber dafür das Seinige getan habe, was er getan hat durch die Absendung der Anzeige, er hätte denn einen solchen Modus ihrer Absendung gewählt, der ihr rechtzeitiges und unentstelltes Eintreffen beim Empfänger nicht erwarten ließ. Daß er das Seinige getan hat, bedeutet auch hier nicht nur die Beobachtung des Verhaltens, das er selbst beobachten mußte, damit es zur Vollendung der Mitteilung kommen konnte, sondern die gelungene Bewirkung eines bestimmten Erfolges. Während aber dieser Erfolg da, wo die Mitteilung, um rechtswirksam zu sein, zugegangen sein muß, darin besteht, daß es zu ihrer Vollendung nur noch solcher Vorgänge bedarf, die dem Lebensgebiete ihres Empfängers angehören, so besteht er hier lediglich darin, daß es dazu keiner Vorgänge mehr bedarf, die dem Lebensgebiete ihres Urhebers angehören. Beides fällt zusammen, wenn die Mitteilung durch ihren Empfänger erbeten ist und an einen durch ihn geschickten Boten oder durch ein anderes Mittel erfolgt, das er als ein zu ihrem Empfang durch ihn geeignetes bezeichnet hat. Erbitte ich mir ihre Anbringung an einem bestimmten Orte, so erkläre ich, daß sie als eine dadurch mir zugegangene gelten soll. Ebenso, wenn ich erkläre, daß sie z. B. durch das Aufziehen einer Flagge auf dem Hause ihres Urhebers erfolgen soll. Sie ist mir als eine solche zugegangen, von der ich im zweiten Falle durch die Wahrnehmung der vielleicht von meiner Wohnung aus sichtbaren Flagge, im ersten Falle durch das Betreten jenes Ortes Kenntnis nehmen kann. Diese Möglichkeit ist gleich jeder Möglichkeit eine solche, die sich vielleicht verwirklicht und vielleicht nicht verwirklicht. Ich kann verhindert sein, zur bestimmten Zeit mich dort zu befinden, von wo aus man die Flagge sehen kann, und die Möglichkeit, sie zu sehen, kann aus irgend einem Grunde wegfallen. Ebenso kann ich verhindert sein, den von mir für die Anbringung der Erklärung bestimmten Ort zu betreten, und es kann trotz seiner Betretung mir die Kenntnisnahme von der

Erklärung unmöglich sein, weil das dort niedergelegte Schriftstück sich dort nicht mehr befindet oder die dort angebrachte Schrift verwischt ist. Es trifft aber in jedem Falle einer mir zugänglich gewordenen Erklärung zu, daß sie vielleicht doch nicht zu meiner Kenntnis gelangt. Auch das bereits in meinen Händen befindliche Blatt kann, ehe ich es lese, ohne daß mich irgend eine Schuld träfe, durch die Gewalt eines Sturmes oder eines es mir entreißenden Menschen mir auf Nimmerwiedersehen entführt werden.

Wann die durch bestimmte Vorgänge für den Empfänger einer Erklärung gegebene Möglichkeit, von ihr Kenntnis zu nehmen, nahe genug ist, damit die Erklärung ihm zugegangen sei, bestimmt sich danach, ob die zu ihrer Verwirklichung noch erforderlichen Vorgänge und die möglicherweise für diese noch bestehenden Hindernisse dem Gebiete seines Lebens angehören, und für die Beantwortung dieser Frage ist maßgebend teils die Übung des Lebens, teils seine eigene Bestimmung. In Ermangelung einer solchen ist ihm zugegangen die Erklärung, bezüglich deren es nach der Übung des Lebens seine Sache ist, die infolge der Tätigkeit ihres Urhebers zu einem bestimmten Teile erfüllten Erfordernisse seiner Kenntnisnahme zum übrigen Teile zu erfüllen. Er kann aber auch bestimmen, daß eine Erklärung auf eine bestimmte sonst dafür nicht genügende Weise ihm zugehen kann. Er hat dadurch erklärt und bewirkt, daß es seine Sache ist, für die Erfüllung der Erfordernisse zu sorgen, deren Erfüllung außerdem noch erforderlich ist, damit die Erklärung zu seiner Kenntnis gelange. Erbittet er sie sich durch Anschreiben oder Niederlegung eines Schriftstückes an einem bestimmten Orte, so hat er die Gefahr sowohl des Umstandes, daß er nicht dahin kommt, als des Umstandes, daß, bis er dahin kommt, die Schrift verwischt oder das Schriftstück nicht mehr dort ist, auf sich genommen. Erbittet er sie sich durch Aufziehen einer Flagge, so hat er die Gefahr des Umstandes auf sich genommen, daß die aufgezogene Flagge für ihn nicht sichtbar ist, also ihm nicht die Möglichkeit gewährt, durch ihre Wahrnehmung von der Erklärung Kenntnis zu nehmen. Wie er hier Gefahr läuft, von der erfolgten

Willenserklärung nicht Kenntnis nehmen zu können, so läuft er auch, wenn er die Aufziehung der Flagge nicht mit dem anderen vereinbart, sondern einseitig als Zeichen z. B. der Zustimmung des anderen zu einem von ihm diesem gestellten Antrage bestimmt hat, die umgekehrte Gefahr, es mit Unrecht für ein Zeichen dieser Zustimmung zu halten, weil der andere seine Flagge zu einem anderen Zweck aufgezogen und vielleicht gar keine Kenntnis davon hat, daß jener ihre Aufziehung zum Zwecke der Bekundung eines bestimmten Willens erbeten hatte.

Als einen wesentlichen Unterschied der erst abgegebenen und der bereits zugegangenen Willenserklärung bezeichnet man die regelmäßige Widerruflichkeit jener und Unwiderruflichkeit dieser. Doch ist weder jene schlechthin widerruflich noch die im weiteren Sinne des Wortes ihrem Empfänger zugegangene Erklärung schlechthin unwiderruflich. Durch die Abgabe der Erklärung besteht die Möglichkeit ihrer Kenntnisnahme durch ihren Empfänger als eine solche, deren Verwirklichung ein bestimmtes Verhalten ihres Urhebers nicht mehr erfordert, wogegen die Möglichkeit, sie durch ein solches noch zu verhindern, nicht ausgeschlossen, aber auch in keiner Weise gesichert ist. Insbesondere hat nicht, wer zur Übermittlung seiner Erklärung einen Weg wählt, dessen Zurücklegung voraussichtlich längere Zeit erfordert, die Sicherheit, sie noch durch eine sie überholende Gegenerklärung widerrufen zu können. Schicke ich durch meinen Diener einen Brief an eine in weiter Entfernung wohnende Person zur Post, dessen Inhalt ich für den Fall einer bestimmten noch in den nächsten Tagen eintreffenden Nachricht telegraphisch zu widerrufen entschlossen bin, und begegnet nun jener auf dem Wege zur Post dem ihm persönlich bekannten, zufällig am bestimmten Orte weilenden Adressaten, so ist dadurch, daß dieser den Brief vom Diener erhalten und gelesen hat, die Möglichkeit telegraphischen Widerrufs seines Inhalts ausgeschlossen. Wie steht es aber mit der Unwiderruflichkeit der zugegangenen Erklärung? Titze (S. 403 ff.) erwähnt die Bestimmung, daß postlagernde oder sonst dem Empfänger nicht durch die Post zuzusendende, sondern von ihm auf ihr abzuholende

Briefe nach § 33 der Postordnung bis zur Aushändigung an jenen vom Absender zurückgefordert werden können, als Beweis dafür, daß solche Briefe erst durch ihre Abholung ihrem Empfänger zugegangen sind. Träfe dies zu, so wäre die Willenserklärung nicht zugegangen in Fällen, wo vollauf der Grund zutrifft, weshalb das Gesetz der ihrem Empfänger zu teil gewordenen Erklärung die im weiteren Sinne ihm zugegangene gleichstellt. Der Grund dieser Gleichstellung ergibt aber zugleich eine Beschränkung derselben. Die Willenserklärung soll nicht daran scheitern, daß die Kenntnisnahme von ihr aus einem dem Lebensgebiete ihres Empfängers angehörenden Grund, sei es durch dessen bösen Willen, durch dessen Fahrlässigkeit oder ohne dessen Schuld, unterbleibt. Dieser Gesichtspunkt greift Platz im Interesse des Urhebers der Willenserklärung, der sie trotz solchen Unterbleibens der Kenntnisnahme des Empfängers von ihr soll geltend machen können. Macht er sie nicht geltend, so kann es zu ihrer Geltendmachung durch ihren Empfänger nicht kommen, ohne daß sie zu dessen Kenntnis gelangt. Soll aber dieser, wann immer sie zu seiner Kenntnis gelangt, sie ebenso geltend machen können, wie wenn sie schon zu der Zeit, zu der sie im weiteren Sinne des Wortes ihm zugegangen war, zu seiner Kenntnis gelangt wäre? Soll nicht nur zu seinen Ungunsten und zu Gunsten des Urhebers der Willenserklärung, sondern auch zu seinen Gunsten und zu Ungunsten des andern die erst jetzt zu seiner Kenntnis gelangte Erklärung einer schon früher zu seiner Kenntnis gelangten gleichstehen, wenngleich es an ihm lag, vielleicht an seiner Fahrlässigkeit und vielleicht sogar auf seinem Vorsatz beruhte, daß bisher seine Kenntnisnahme unterblieben ist? Es ist ungerechtfertigt, daß den telegraphischen vor dem Inhalt des Briefes zu seiner Kenntnis gelangten Widerruf eines Briefes nicht muß gelten lassen, wer den Brief vorher bekommen, aber noch nicht gelesen hatte. Es ist ebenso ungerechtfertigt, daß ich auf die frühere von mir nicht benutzte Möglichkeit meiner Kenntnisnahme mich berufen kann, wenn es dem andern, der mir diese Möglichkeit gewährt hat, gelungen ist, sie vor dem Eintritte meiner Kenntnisnahme wieder aufzuheben. Nicht deshalb, weil die von ihrem Empfänger postlagernd erbetenen und auf der Post zu seiner Abholung bereitliegenden Briefe ihm noch in keinem Sinne zugegangen sind, sondern deshalb darf sie der Absender noch zurücknehmen, weil sie solche sind, die zwar schon er, aber noch nicht der andre als zugegangen geltend machen kann. Ebenso ist die für mich an irgend einem von mir bestimmten Orte angebrachte Erklärung eine solche, die bis zu meiner Kenntnisnahme der andere wieder zurücknehmen kann. Handelt es sich in jenen Fällen um etwas, das sich nicht in meinem Besitze befindet, so steht es nicht anders, wenn jemand eine Mitteilung auf meine vor dem Eingang zu meiner Wohnung hängende und in meinem Besitze befindliche Tafel geschrieben hat. Sollte er unrecht dadurch tun, daß er das Geschriebene, ehe es zu meiner oder der Meinigen Kenntnis gelangt ist, wieder auslöscht?

Ist die abgegebene Willenserklärung mir zugegangen, wenn infolge ihrer Abgabe die Gelegenheit zu ihrer Kenntnisnahme mir so gewährt ist, daß es an einem dem Gebiete meines Lebens angehörenden Hindernisse, mit dem zu rechnen der andre keine Ursache hatte, liegt, wenn diese unterbleibt, so fällt für die Erklärung unter Anwesenden ihre Abgabe und ihr Zugehen in jenem Sinne zusammen. Auch hier aber beschränkt sich die Gleichstellung der Worte, die der andre im Fall normalen Verhaltens vernommen und verstanden hätte, mit solchen, die er vernommen und verstanden hat, darauf, daß der Urheber der Erklärung diese geltend machen kann. Der Empfänger einer mündlichen Antwort kann sich nicht darauf berufen, daß er sie überhört, falsch gehört oder zwar richtig gehört, aber falsch verstanden hat. Ist es ihm aber zweifelhaft, ob, mit welchen Worten oder in welchem Sinne ihm der andre geantwortet hat, und fragt er danach, so braucht der andre, wenn er die gegebene, aber nicht vernommene oder nicht verstandene Antwort bereut, sie nicht zu wiederholen, sondern kann nun eine andere oder keine Erklärung abgeben. Ebenso gilt die durch § 145 BGB. bestimmte Gebundenheit an den gestellten Antrag nicht für einen solchen Antrag, den der andre nicht vernommen oder nicht verstanden hat. Fragt dieser nach dem ihm dunkel gebliebenen Sinn des gestellten Antrags, so kann der Antragsteller sowohl die Antwort verweigern als erklären, sein Antrag habe einen bestimmten Sinn gehabt, er habe sich aber eines anderen besonnen und stelle nun einen andern oder keinen Antrag. Die Wirksamkeit eines Antrages bedeutet nichts andres als die für seinen Empfänger bestehende Möglichkeit seiner Annahme. Ich kann einen Antrag nicht annehmen, ohne ihn als einen mir gestellten zu kennen, und ich kann ihn nicht annehmen, wenn ich zu der Zeit, zu der ich ihn als einen solchen kennen lerne, der mir gestellt war, ihn bereits als einen zurückgezogenen kenne. Seine trotzdem erfolgte Annahme wäre wider Treu und Glauben. Wenn nach § 157 BGB. Treu und Glauben mit Rücksicht auf die Verkehrssitte dafür maßgebend ist, welchen Inhalt ein Vertrag, also auch ein Vertragsantrag hat, so ist vom Inhalte eines solchen seine Existenz nicht zu trennen. Kann der Empfänger des Antrags einen solchen Inhalt desselben nicht geltend machen, dessen Annahme Treu und Glauben nicht zuläßt, so kann er ihn auch überhaupt nicht geltend machen unter Umständen, unter denen seine Geltendmachung gegen Treu und Glauben wäre.

„Treu und Glauben" ist eine Übersetzung der römischen bona fides. Diese begegnet uns in zwei verschiedenen Bedeutungen, in denen wir sie auf verschiedene Weise wiedergeben, und zwar in der einen durch die Bezeichnung des guten Glaubens, in der andren durch die Bezeichnung von Treu und Glauben. In der ersten Bedeutung steht der bona fides gegenüber die mala fides, die wir als bösen Glauben bezeichnen. Daß hier fides als Glaube übersetzt wurde, hängt zusammen mit dem kirchlichen Sprachgebrauche, wonach fides Christiana der christliche Glaube ist. Daß die Übersetzung schlecht ist, zeigt der Umstand, daß schwer zu sagen ist, was diese entgegengesetzte Prädizierung des Glaubens eines Menschen bedeuten soll. Seine Bezeichnung als eines guten kann hier weder seine Heilsamkeit noch seine Richtigkeit bedeuten. Der gute Glaube des BGB. ist stets ein unrichtiger, der gut nur heißen kann im Sinne eines subjektiv berechtigten. Es ist aber nur ein sehr be=

scheidnes Maß subjektiver Berechtigung, dessen er bedarf, um gut zu sein, da dieses Prädikat ihm zukommt, sobald er nur nicht auf grobem Versehen beruht. Es gehört zu den sprachlichen, auch leicht sachlich irreführenden Wunderlichkeiten des BGB., daß es einesteils einen Glauben, der auf fahrlässiger Unkenntnis beruht, einen guten nennt, falls die Fahrlässigkeit nicht eine grobe ist, und doch andernteils alles, was ich aus Fahrlässigkeit nicht kenne, etwas nennt, das ich kennen muß. Kaufe ich einem Menschen eine Sache ab, von dem ich bei Aufwendung der im Verkehr erforderlichen Sorgfalt erkannt hätte, daß sie ihm nicht gehörte, so bin ich nach dem BGB. ein solcher, der die Abwesenheit seines Eigentums kennen mußte, dessen Glaube an dieses aber gleichwohl ein guter und mir zum Eigentum verhelfender ist. Die Bezeichnung des bösen Glaubens kommt im BGB. nicht vor und paßt in der Tat auch nicht auf die Abwesenheit des guten Glaubens; denn diese ist entweder überhaupt kein Glaube, sondern Kenntnis davon, daß der andere nicht Eigentümer war, oder ein auf grober Fahrlässigkeit beruhender Glaube, den man nicht wohl einen bösen nennen kann.

Die bona und mala fides des römischen Rechts ist nicht ein guter und böser Glaube, sondern ein gutes und böses oder schlechtes Gewissen. Die Möglichkeit, daß der Erwerber dem Eigentümer gegenüber ein gutes Gewissen hat, kann von einem Irrtum abhängen, und diesen Fall betrifft die seinerzeit zwischen Bruns und Wächter verhandelte Streitfrage, ob der Irrtum ein entschuldbarer sein mußte. Diese Frage muß bejahen, wer der Ansicht ist, daß nach römischem Rechte überhaupt nur der entschuldbare Irrtum rechtliche Bedeutung hatte. Der Begriff der bona fides gibt darüber keine Auskunft; denn man kann das Erfordernis eines guten Gewissens beim Erwerbe, um das es nach römischem Rechte sich ausschließlich handelt, verstehen in dem weiteren Sinne, daß es erfüllt ist, sobald der Erwerber nicht das Bewußtsein des Unrechts hat, und in dem engeren oder strengeren Sinne, daß es nicht erfüllt ist im Falle des Erwerbes trotz des begründeten Ver=

dachtes seiner Unrechtmäßigkeit, sei es nun, daß es dem Erwerber zum Vorwurf gereicht, ihn nicht gehegt zu haben oder sich durch ihn nicht zur Unterlassung der Erwerbshandlung haben bestimmen zu lassen. Wo wie beim Erwerb von einem beschenkten Ehegatten eine zwar nicht rechtsgültige, aber auch nicht unrechtmäßige, weil vom Eigentümer gestattete, Zuwendung vorlag, da bedurfte es zur bona fides keines Glaubens an irgend etwas nicht zutreffendes.

Eine andre Rolle als hier kam der bona fides zu im Obligationenrechte. Wenn es Fälle gab, in denen der Richter die Existenz und den Umfang der in Frage stehenden Verbindlichkeit zu würdigen hatte ex fide bona, so handelte es sich um die bona fides nicht als Tatbestandsmoment, sondern als Moment der Beurteilung eines Tatbestandes. Für seine vom Richter anzunehmende rechtliche Wirkung soll die bona fides maßgebend sein. Bei der bona fides des Erwerbers handelt es sich um dessen Gewissenhaftigkeit beim Erwerbe. Bei der bonae fidei obligatio handelt es sich nicht um die Wirkung der Gewissenhaftigkeit, die dem bestimmten Menschen im gegebenen Falle zukam, sondern um die Anforderungen der Gewissenhaftigkeit, die ein im bestimmten Verhältnisse stehender haben soll. Für die Wirkungen des ex fide bona zu würdigenden Verhältnisses sind maßgebend nicht nur die Bestimmungen des Rechtes, sondern als Ergänzung derselben die Forderungen der Gewissenhaftigkeit oder Redlichkeit. Seine Wirkungen können durch diese sowohl eine Ausdehnung als eine Verminderung erfahren, die bis zu ihrem gänzlichen Ausschlusse gehen kann. Den Maßstab dafür, was die Redlichkeit fordert, trägt der Richter als ein solcher, der selbst ein redlicher Mann ist, in sich. Seine Überzeugung davon beruht aber nicht auf seiner individuellen Lust und Laune, sondern auf seiner Erfahrung über die Anschauungen und die Übung des Lebens. Ohne Kenntnis dieser oder der Verkehrssitte läßt sich ebensowenig sagen, was die Redlichkeit fordert, wie ohne ihre Kenntnis sich sagen läßt, was die im Fall einer Diligenzpflicht geschuldete Diligenz fordert. Daher schließt die Beurteilung der Folgen eines Tatbestandes **ex fide** bona seine Beurteilung nach Maßgabe der Verkehrssitte in sich, soweit nicht diesem Momente ein andres vorgeht. Die bonae fidei obligationes entstehen durchweg ex contractu oder quasi ex contractu und nicht ex delicto vel quasi ex delicto, und es handelt sich durchweg um Tatbestände, die eine gegenseitige Verbindlichkeit begründen. Um fides oder Treue handelt es sich bei jedem Kontrakt. Diese Treue hat aber beim streng einseitigen stricti iuris contractus einen engeren Sinn als beim bonae fidei negotium. Bei jenem handelt es sich lediglich darum, Wort zu halten. Ist das Wort gehalten, so ist die Treue gehalten. Sie erfordert nicht mehr und nicht weniger als die Erfüllung der gegebenen Zusage. Die Anforderungen der bona fides können über diese hinausgehen und hinter ihr zurückbleiben. Das bonae fidei negotium ist nicht notwendig ein Vertrag. So ist die negotiorum gestio kein solcher. Wer die Angelegenheit eines anderen ohne Auftrag zu besorgen unternimmt, erteilt ihm keine Zusage. Er tut dies aber als ein auf die Wahrung des bestimmten fremden Interesses bedachter Mensch, der das Verhalten schuldet, das von einem gewissenhaften Vertreter desselben erwartet werden kann. Ebenso schuldet ihm der andre seine Schadloshaltung, soweit sie in einem solchen Falle von einem gewissenhaften oder redlichen Menschen zu erwarten ist. Was hier jeder dem andren als gewissenhafter Mensch schuldet, ließe sich nicht bestimmen ohne die Existenz einer in dieser Beziehung bestehenden Verkehrssitte.

Während nun das römische Recht nur die rechtliche Bedeutung gegenseitig verpflichtender Tatbestände von der Bedeutung abhängig macht, die sie nach der Verkehrssitte für das Verhalten gewissenhafter Menschen haben, so ist nach dem BGB. „Treu und Glauben mit Rücksicht auf die Verkehrssitte" allgemein maßgebend 1. nach § 157 für die Auslegung von Verträgen und 2. nach § 242 dafür, wie eine geschuldete Leistung zu bewirken ist[1]).

---

[1]) Vgl. darüber die Ausführungen meines Kommentars zu § 157 und meinen Aufsatz über Gesetz und Verkehrssitte im „Recht" 1901 S. 216 ff. Viel beachtenswertes über § 157 und 242 bei K. Schneider, Treu und Glauben

Beide Bestimmungen können auch so ausgedrückt werden, daß im Gegensatze zum römischen Rechte alle Verträge und Obligationen bonae fidei negotia und obligationes sind. Unstreitig ist aber zunächst die erste Bestimmung ausdehnend auszulegen. Es kann kein Zweifel daran sein, daß auch von anderen als vertragsmäßigen Zusagen gilt, was der Gesetzestext nur von Verträgen bestimmt. Niemand wird annehmen, daß Treu und Glauben für die Auslegung von Auslobungen oder von Schuldverschreibungen auf den Inhaber die Bedeutung nicht habe, die jenem Momente für die Auslegung von Verträgen zukommt. Aber auch z. B. für Testamente ist jenes Moment nicht ohne Bedeutung. Gewiß ist der Glaube, den jemand durch sein Testament erweckt, für dessen Auslegung nicht gleichgültig, und wenn seine eigene Treue nicht in Frage kommt, weil er durch dasselbe nicht sich, sondern ausschließlich anderen ein bestimmtes Verhalten vorschreibt, so kommt doch dafür in Frage deren Treue gegen sein Gebot und sowohl der durch dieses erweckte Glaube Dritter, den nicht zu täuschen eine Sache ihrer Treue ist, als ihr eigener Glaube, dessen Erweckung durch seine Bestimmung macht, daß ihr durch ein solches Verhalten genügt ist, das sie für ein ihr genügendes halten durften. Hat so Treu und Glauben Bedeutung für die Auslegung jedes einen Willensinhalt bezeichnenden Verhaltens, so gilt dasselbe von der Verkehrssitte um so mehr, da von dieser die Eigenschaft eines Verhaltens abhängt, einen bestimmten Willensinhalt zu bezeichnen, wie namentlich der im Zweifel für den Sinn eines gebrauchten Wortes maßgebende Sprachgebrauch nichts anderes ist als ein Stück Verkehrssitte [2]). Ist aber Treu und Glauben mit Rücksicht auf die Verkehrssitte dafür maßgebend, ob ich ein bestimmtes Verhalten als Willenserklärung dieses oder jenes Inhalts geltend machen kann oder gelten lassen muß, so ist dasselbe Moment auch dafür maßgebend, ob ich ein bestimmtes Verhalten überhaupt als eine Willenserklärung

---

1902 und im Arch. für bürg. R. 25 S. 269 ff., der aber mit Unrecht die Bedeutung von Treu und Glauben auf Schuldverhältnisse beschränkt.

[2]) Vgl. darüber meine Ausführungen im „Recht".

geltend machen kann und gelten lassen muß. Auch diese Frage ist eine Frage der Auslegung des bestimmten Verhaltens. Es ist eine Frage der Auslegung meiner Zusage, ob ich sie als eine verbindliche oder als eine unverbindliche vollzogen habe. Für ihre Auslegung als eines Rechtsaktes ist diese Frage eine Vorfrage, da ihre Verneinung ergibt, daß die Zusage kein Rechtsakt war. Ich kann aber eine Zusage nicht nur überhaupt als verbindliche oder unverbindliche vollzogen haben, sondern ich kann sie auch als eine solche vollzogen haben, die verbindlich ist in Ermangelung ihres Widerrufs, und es bemißt sich nach „Treu und Glauben mit Rücksicht auf die Verkehrssitte", inwieweit durch die Art ihrer Vollziehung für mich die Möglichkeit ihres Widerrufes besteht.

Treu und Glauben ist ein Moment, bezüglich dessen bestritten ist der Umfang seiner rechtlichen Bedeutung und deren Verhältnis zur rechtlichen Bedeutung einesteils der Verkehrssitte, anderenteils anderer Momente. Keine selbständige Bedeutung hat neben Treu und Glauben die Verkehrssitte. Sie ist nicht maßgebend, wenn ihre maßgebende Bedeutung gegen Treu und Glauben wäre, und wo sie maßgebend ist, da ist sie es nicht neben der Bedeutung von Treu und Glauben, sondern wegen der Bedeutung von Treu und Glauben. Der Sinn jedes Verkehrs verschiedener Menschen bestimmt sich teils durch Momente, deren Bedeutung sich auf ihr gegenseitiges Verhältnis beschränkt, teils durch solche, die beruhen auf ihrer gemeinsamen Angehörigkeit zu einem größeren Kreise. So beruht insbesondere die Bedeutung jedes Wortes, das zwischen zwei Menschen gewechselt wird, darauf, daß es einen sowohl für den einen als für den anderen bestehenden Sinn hat. Soweit ein solcher gegeben ist durch ihre individuellen Beziehungen, kommt nicht in Frage der Sinn, den es hat nach dem allgemeinen Sprachgebrauche, der sich durch nichts anderes bestimmt als durch die bezüglich des Gebrauches jenes Wortes bestehende Verkehrssitte. Wäre nach der übereinstimmenden Ansicht aller Sprachkundigen ein bestimmter Sprachgebrauch der allein richtige und der, sei es im allgemeinen Verkehr oder im Verkehr des besonderen Kreises, dem die Urheber und Empfänger der bestimmten Erklärung gemeinsam angehören, übliche Sprachgebrauch ganz verkehrt, so wäre doch für deren Sinn nicht maßgebend der sprachlich korrekte oder nach der Meinung der Sprachkundigen richtige, sondern der sei es überhaupt oder insbesondere in dem engeren Kreise, dem die Beteiligten gemeinsam angehören, übliche Sprachgebrauch. So sehr es sich von selbst versteht, daß die Bedeutung der Verkehrssitte für den Sinn einer Erklärung wegfällt, soweit für diesen besondere Beziehungen der Beteiligten maßgebend sind, so sehr versteht sich auch von selbst ihre Bedeutung, soweit solche fehlen, und zwar unabhängig davon, ob die Beteiligten die Verkehrssitte kennen; hätten doch die gesprochenen Worte in Ermangelung besonderer ihren Sinn bestimmender Beziehungen der Beteiligten überhaupt keinen Sinn, wenn sie nicht den Sinn hätten, den die Verkehrssitte ergibt.

Anderen Momenten gegenüber fragt sich, ob ihrer rechtlichen Bedeutung die rechtliche Bedeutung von Treu und Glauben vorgeht oder nachsteht. Betrachten wir die Bedeutung dieses Moments als eine durch das Gesetz bestimmte, so ist kein Zweifel daran, daß ihr die durch das Gesetz bestimmte Bedeutung anderer Momente vorgeht. Es ist nach § 157 maßgebend für die Auslegung von Verträgen oder für den Vertragsinhalt, der als von den Parteien gewollt anzusehen ist; dem sei es erwiesenen oder kraft Gesetzes aus bestimmten Umständen abzuleitenden Parteiwillen geht aber vor die unmittelbare Bestimmung des Vertragsinhaltes durch das Gesetz. Es ist nach § 242 dafür maßgebend, wie eine geschuldete Leistung zu bewirken ist; diese Frage erhebt sich aber für die geschuldete bestimmte Leistung und kann nicht eine der gesetzlichen Bestimmtheit dieser widerstreitende Beantwortung finden.

Gesetzliche Bestimmungen über den Inhalt von Verträgen sind alle Bestimmungen über den Umfang der durch solche begründeten Rechtsverhältnisse. Das Gesetz, wonach die Macht des Pfandverkaufs dem Pfandrechte wesentlich ist, bestimmt den Inhalt der Verpfändung. Wie jene Macht durch diese selbst dann begründet würde, wenn sie ausdrücklich wegbedungen wäre, so kann Treu und

Glauben nie ergeben, daß sie durch eine bestimmte Verpfändung nicht entstanden ist. Hat ein Rechtsgeschäft kraft Gesetzes einen bestimmten Inhalt, falls er nicht wegbedungen ist, so kann Treu und Glauben nie ergeben, daß es ihn trotz seiner unterbliebenen Wegbedingung nicht hat. Daß für Eviktion vielleicht weit über den Wert der Sache hinaus haftet, wer sie unter ihrem Werte verkauft und an die Möglichkeit solcher Haftung nicht denkt, kann höchst unbillig sein, wodurch aber jene Haftung als eine nicht weg= bedungene nicht ausgeschlossen wird. Hat ein Rechtsgeschäft kraft Gesetzes einen bestimmten Inhalt nur im Zweifel durch so= genannte „Auslegungsvorschrift" (§ 186 BGB.)[3], so steht es anders, weil diese seinen Inhalt nur für den Fall bestimmt, daß er nicht durch andere Momente sich genügend bestimmen läßt, also nicht zur Anwendung kommt, wenn er sich bestimmen läßt durch die Anwendung des § 157.

Die Auslegung eines Rechtsgeschäftes ist eine Bestimmung seines Inhaltes, und wäre Treu und Glauben nur maßgebend für Auslegung von Rechtsgeschäften, so wäre dieses Moment auch aus= schließlich maßgebend für die Bestimmung ihres Inhaltes als eines nicht durch das Gesetz bestimmten. Der Auslegung oder der Be= stimmung ihres Inhaltes bedürftige Willenserklärungen sind aber nicht nur die Privatrechtsgeschäfte, sondern auch die Gesetze, wie ja auch § 186 BGB. bestimmte „Auslegungsvorschriften" gleichmäßig gibt für Gesetze, gerichtliche Verfügungen und Rechtsgeschäfte. Aus= legungsgrundsätze bestimmt das BGB. nur für Rechts= geschäfte in § 133 und 157. Für Gesetze können solche durch kein Gesetz bestimmt werden; bedürfte doch das sie bestimmende Gesetz selbst wieder der Auslegung. Gleich der Geltung ist die Auslegung des Gesetzes nicht eine Sache seiner eigenen Bestimmung. Seine Geltung ist bedingt durch die Kompetenz, die seinem Urheber oder seinen Urhebern zukommt nach der Verfassung des Gemein= wesens, dessen Gesetz es ist. Und es ist eine Erklärung der kompetenten Organe des Gemeinwesens an alle Angehörigen des

---

[3] Vgl. darüber Krit. Vierteljschr. für Rechtsw. 42 S. 487 ff.

Gemeinwesens für deren Sinn maßgebend ist die Bedeutung der Willenserklärung als eine solche, die nicht auf der Gesetzgebung, auf der vielmehr die Möglichkeit dieser beruht. Das Gesetz ist im Gegensatze zur privaten eine solche Willenserklärung, die durch die kompetenten Organe der Rechtsgemeinschaft an alle Rechtsgenossen ergeht. Keine Erklärung eines Menschen an einen anderen ist möglich ohne die Voraussetzung einer gewissen Gemeinschaft beider. Meine Erklärung an einen anderen ist ein Zeichen, das ich ihm gebe in der Voraussetzung, daß es für ihn denselben Sinn hat wie für mich. Es hat für ihn keinen Sinn, wenn er es nicht wahrnimmt oder nicht zu deuten weiß, und es hat für ihn einen anderen Sinn als für mich, wenn er es anders als ich deutet. Wie er es aber trotz seiner unterbliebenen Wahrnehmung als ihm gegeben muß gelten lassen, wenn seine Wahrnehmung durch eine innerhalb des Gebietes seines Lebens eingetretene Störung unterblieben ist, so muß er es als ein im bestimmten Sinn gegebenes gelten lassen, wenn es für den engeren oder eventuell weiteren Kreis von Menschen, dem wir angehören, jenen Sinn hat, den nicht erkannt zu haben daher ihm zur Last fällt. Ebenso muß aber der Urheber der Willenserklärung den Sinn, den sie hat für den Kreis von Menschen, dem er mit ihrem Empfänger gemeinsam angehört, gelten lassen, wenngleich er ohne Kenntnis dieses Sinnes sie vollzogen hat, vorbehaltlich der etwa wegen des Irrtums über ihren Sinn ihm zustehenden Anfechtung. Das Gesetz ist eine Willenserklärung, für deren Sinn keine Bedeutung haben individuelle Beziehungen ihrer Urheber und Empfänger; denn ihre Empfänger sind alle Rechtsgenossen unabhängig von ihren individuellen Verhältnissen, und ihre Urheber sind bestimmte Menschen nicht in ihrer Eigenschaft als diese Individuen, sondern in ihrer Eigenschaft als Organe des Gemeinwesens, die, wie sie im Dienste des allgemeinen Interesses das Gesetz erlassen oder bei seinem Erlasse mitgewirkt haben, so dadurch zur Geltung verholfen haben nicht dem nach ihrer individuellen Meinung ihm zukommenden Inhalte, sondern dem Inhalte, der sich ergibt aus dem gesamten

Zusammenhange des Lebens der Rechtsgemeinschaft, dessen Beherrschung und Förderung es bezweckt. Dazu kommt die Eigenschaft jeder gesetzlichen Bestimmung als eines Bestandteils eines Ganzen, dessen Bedeutung abhängt von seinem Verhältnisse zum übrigen Rechte. Wenn aber so für die Auslegung der Gesetze Momente in Betracht kommen, die für die Auslegung privater Willenserklärungen keine Rolle spielen, so sind doch die für diese durch § 133 und 157 bestimmten Auslegungsgrundsätze solche, die ebenso für die Auslegung von Gesetzen gelten, weil sie aus der Natur der Willenserklärung folgen.

Die Vorschrift des § 133, es sei „nicht an dem buchstäblichen Sinn des Ausdrucks zu haften", wird niemand Bedenken tragen als eine für die Auslegung von Gesetzen sich von selbst verstehende anzusehen. Das Gebot, es sei „der wirkliche Wille zu erforschen", bedeutet nichts anderes, als die Auslegung habe den wirklichen (und nicht nur den durch die gebrauchten Worte gegebenen ostensiblen) Inhalt der Willenserklärung zu bestimmen. Daß auch beim Gesetze es darauf ankommt, ist eben so unzweifelhaft. Daß sodann für die Auslegung der Gesetze wie jeder Willenserklärung die Verkehrssitte die Bedeutung hat, die § 157 ihr nur für die Auslegung von Verträgen zuschreibt, versteht sich um so mehr von selber, da jede Auslegung einer durch das Mittel des Worts erfolgten Erklärung vom Wortlaute ausgehen muß, dessen Sinn sich ohne Rücksicht auf die Verkehrssitte schlechterdings nicht feststellen läßt. Ebenso ist aber „Treu und Glauben" ein Moment, das für die Deutung von Gesetzen nicht minder Bedeutung hat als für die Deutung privater Erklärungen. Das Gegenteil der bona fides ist die fraus. Das Handeln in fraudem legis ist ebenso gut ein Verhalten contra bonam fidem wie das dem Wortlaute aber nicht dem Geiste eines Vertrages gemäße Verhalten. Daß es kein Zuwiderhandeln gegen den Geist einer eigenen Willenserklärung ist, macht dafür keinen Unterschied, wie ja auch im römischen Rechte die obligatio des dominus negotii eine bonae fidei obligatio war, wenngleich sie nicht auf erteilter Zusage beruht. Übrigens ist auch die Untreue gegen das Gesetz unter Umständen eine Untreue gegen eine eigene Willenserklärung, falls sie nämlich von seinem Urheber oder einem seiner Urheber begangen wird.

Dem BGB. wird gerne nachgerühmt, es habe durch § 157 und 242 für eine besonders umfassende Berücksichtigung von Treu und Glauben gesorgt. Es beschränkt aber nicht nur die eine wie die andere Vorschrift ohne Grund auf den besonderen Fall des Vertrags und der Erfüllung einer Verbindlichkeit, sondern seine Bestimmungen widerstreiten auch mehrfach den Anforderungen von Treu und Glauben. Es widerstreitet ihnen, daß nach § 793 im Fall eines Inhaberpapiers der Schuldner durch Leistung an einen zur Verfügung nicht berechtigten Inhaber frei wird, wenngleich er ihn als einen solchen kennt. Und es widerstreitet ihnen, daß nach § 116 der geheime Vorbehalt, das Erklärte nicht zu wollen, die Geltung der Erklärung ausschließt, wenn der andere ihn kennt. Nach ihrem Wortlaute bezieht sich die Bestimmung des § 242 nicht auf den Inhalt der geschuldeten Leistung, sondern nur darauf, wie der Schuldner sie zu bewirken verpflichtet ist. Doch geht sie auch auf die Bewirkung der Leistung durch einen Dritten, der nicht auf andere Weise die fremde Verbindlichkeit erfüllen kann als ihr Subjekt. Außerdem läßt sich aber die Frage, wie die Leistung zu bewirken ist, von der Frage nach dem Inhalte der Pflicht zur Leistung nicht trennen. Ist es geboten, sie auf eine bestimmte Weise zu bewirken, obgleich diese Weise ihrer Bewirkung nicht durch eine besondere Bestimmung des die Leistungspflicht bestimmenden Gesetzes oder Rechtsgeschäftes vorgeschrieben ist, so ist nur die so bewirkte Leistung eine wirkliche Erfüllung. Ist es gestattet, sie auf eine bestimmte Weise zu bewirken, die nicht durch eine besondere Bestimmung des sie vorschreibenden Gesetzes oder Rechtsgeschäfts gestattet ist, so ist auch die auf jene Weise bewirkte Leistung eine wirkliche Erfüllung. Und daß „Treu und Glauben mit Rücksicht auf die Verkehrssitte" maßgebend ist für den Inhalt der geschuldeten Leistung, bedeutet nichts anderes, als daß jenes Moment maßgebend ist für die Auslegung der Willenserklärung, durch die er bestimmt ist. Diese Willenserklärung ist eine solche des Verpflichteten, wenn er die Leistung kraft seiner eigenen Zusage schuldet. Sie ist gleichmäßig eine fremde Willenserklärung, wenn er die Leistung schuldet kraft der Zusage seines Erblassers, kraft der Bestimmung eines Dritten, z. B. einer ihm ein Vermächtnis auferlegenden fremden Verfügung von Todes wegen, und kraft gesetzlicher Bestimmung.

Die Unterscheidung des kraft Rechtsgeschäftes und des kraft Gesetzes Geschuldeten hat man oft als unlogisch bezeichnet, weil auch jenes kraft Gesetzes geschuldet sei. Die rechtliche Bedeutung der Willenserklärungen für das gegenseitige Verhalten ihrer Urheber und Empfänger steht aber nicht auf einer Stufe mit der rechtlichen Bedeutung anderer Tatsachen. Sie besteht kraft des Gesetzes wegen der Bedeutung, die jenen für dieses nach dem eigenen Willen ihrer Urheber zukommt. Nicht nur daß es Willenserklärungen gibt, sondern auch, daß sie nach dem Willen ihres Urhebers Bedeutung für sein Verhältnis zu ihrem Empfänger haben, ist unabhängig von der Bestimmung des Gesetzes. Die Bedeutung, die ihnen unabhängig von dieser zukommt, ist aber eine schwankende und genauer Bestimmung entbehrende. Jede Verheißung soll nach der Absicht ihres Urhebers in ihrem Empfänger die Erwartung ihrer Erfüllung erwecken. Wer eine solche vollzieht und von vornherein entschlossen ist, sie nicht zu erfüllen, dessen von ihm gehegter Wille, sie nicht zu erfüllen, steht im Widerspruch mit dem von ihm erklärten Willen, während der ganze Sinn der Willenserklärung darauf beruht, daß ihr Empfänger den von ihrem Urheber bezeichneten Inhalt für einen solchen halten soll, dessen Realisierung jener will. Was ich aber anderen als von mir gewollt bezeichne, das bezeichne ich dadurch nicht als auf alle Zeit von mir gewollt. Ich bezeichne es dadurch auch nicht als etwas nur in diesem Augenblick von mir gewolltes. Soll die Willenserklärung überhaupt Bedeutung haben, so muß ihr Empfänger auch noch einige Zeit nach ihrer Vollziehung in der Lage sein, mit Recht anzunehmen, daß ihr Urheber die Realisierung des durch sie bezeichneten Inhalts will. Auf wie lange aber er in dieser Lage ist und inwieweit sie eine Änderung teils schon durch die Länge der inzwischen verflossenen Zeit, teils durch bestimmte inzwischen eingetretene Ereignisse erfahren hat, läßt sich nicht aus dem Wesen der Willenserklärung ableiten, aus dem sich ebensowenig der bestimmte durch ein bestimmtes Verhalten anderen bezeichnete Willensinhalt ableiten läßt. In beiden Beziehungen ist maßgebend die gegenseitige Verständigung und Übung der Beteiligten, die Verkehrssitte und die Bestimmung des Rechtes. Was so gilt bezüglich der Tragweite der Willenserklärung, das gilt ebenso bezüglich der Frage, ob überhaupt ein bestimmtes Verhalten eine solche ist. Das Erfordernis einer bestimmten Form derselben pflegen wir als ein solches anzusehen, das nur besteht kraft besonderer gesetzlicher oder privater Bestimmung. Die Form ist aber ein das bestimmte Verhalten als Willenserklärung kennzeichnendes Merkmal, das, damit eine solche existiere, in Ermangelung einer gesetzlichen Bestimmung und einer besonderen Verständigung oder Übung der Beteiligten den Anforderungen der Verkehrssitte genügen muß. Soweit das Gesetz die Form einer Willenserklärung bestimmt, ist für deren rechtliche Existenz die von ihm bestimmte Form sowohl erforderlich als genügend, fällt also die Frage weg, ob eine nach Maßgabe sei es der individuellen Verständigung und Übung des Beteiligten oder der Verkehrssitte genügende Kundgebung vorliegt. Auf die Verkehrssitte zurückzugehen ist aber nicht nur unentbehrlich, sobald die Frage, ob eine zur Existenz einer Willenserklärung genügende Bezeichnung des bestimmten Willensinhalts vorliegt, weder durch gesetzliche Bestimmung noch durch eine besondere Verständigung oder Übung der Beteiligten entschieden ist, sondern es hat auch für die Auslegung der gesetzlichen Bestimmung die Verkehrssitte Bedeutung. Diese Bedeutung zeigt sich schon für die auf den Sprachgebrauch sich stützende Auslegung durch die Bedeutung, die für diesen die Verkehrssitte hat, und sie zeigt sich namentlich dann, wenn wir die Bestimmung des Gesetzes weitherziger auslegen als dem sprachgebräuchlichen Sinn seiner Worte gemäß ist. Vielfach sagt man, Bestimmungen über die Form der Rechtsakte seien streng auszulegen. Dabei läuft aber eine Verwechslung unter. Der formelle Rechtsakt ist nicht zustande gekommen, wenn auch nur das Geringste an der erforderlichen Form fehlt. Für die Auslegung des sie bestimmenden Gesetzes gilt dagegen keineswegs das Erfordernis besonderer Strenge. Wenn Art. 4 der Wechselordnung zu den wesentlichen Erfordernissen des Wechsels die Angabe des Ortes, Monatstages und Jahres der Ausstellung zählt, so würde eine „strenge" Auslegung jede Zulassung eines unrichtigen Datums ausschließen. Da aber aus dem Wechsel die Richtigkeit oder Unrichtigkeit des Datums nicht ersehen werden kann, also das Erfordernis des richtigen Datums jede sichere Prüfung der Formrichtigkeit des Wechsels ausschlösse, läßt eine allgemein anerkannte Auslegung auch ein unrichtiges Datum zu, wenn es nicht ein unmögliches und damit ein solches ist, dessen Unrichtigkeit sich aus dem Wechsel selbst ergibt. Diese Auslegung ist weit älter als das BGB. Sie kann aber namentlich damit begründet werden, daß es gegen Treu und Glauben wäre, wenn der Glaube an die Formrichtigkeit des nach Maßgabe aller wahrnehmbaren Merkmale formrichtigen Wechsels deshalb getäuscht würde, weil er aus einem nicht wahrnehmbaren Grunde nicht formrichtig wäre.

Bezüglich des Inhalts und der durch ihn gegebenen Wirkungen der Rechtsgeschäfte unterscheiden manche Willenswirkungen und Gesetzeswirkungen. Jede Geschäftswirkung greift aber kraft Gesetzes Platz, und jede Geschäftswirkung greift deshalb Platz, weil sie kraft Gesetzes als eine vom Urheber des Geschäftes gewollte gilt. Daß sie nicht wirklich eine von ihm gewollte ist, gilt von der sogenannten Gesetzeswirkung nur, wenn er sie nicht als Wirkung seiner Erklärung kannte. Ebenso kann er aber die sogenannte Willenswirkung seiner Erklärung nicht gekannt und daher nicht gewollt haben, weil er über ihren Inhalt eine unrichtige oder überhaupt keine Vorstellung hatte. Jedes Zeichen, das Menschen einander geben, hat seine Bedeutung nicht durch den Willen dessen, der es gibt, sondern durch eine gegenseitige Beziehung, sei es der bestimmten Menschen oder aller an einer bestimmten Gemeinschaft teilnehmenden Menschen. Solche Gemeinschaften sind namentlich die Sprachgemeinschaft, Verkehrsgemeinschaft und Rechtsgemeinschaft, die in naher Beziehung zueinander stehen. Für die rechtliche Bedeutung, die dem Verhalten eines Menschen als einer Erklärung an andre Menschen zukommt, ist maßgebend die Bestimmung des Rechtes. Dieses bestimmt sie aber einesteils dadurch, daß es die Bedeutung gelten läßt, die dem bestimmten Verhalten unabhängig von seiner Bestimmung zukommt für die Teilnehmer an der Gemeinschaft der Sprache, in der die Erklärung erfolgte, und des Verkehrs, von dem sie einen Bestandteil bildet, und andernteils ist, soweit es eine eigne Bestimmung trifft, für ihre Auslegung selbst wieder maßgebend der sprachgebräuchliche Sinn seines Textes und die ganze Gestaltung des Verkehrs, den zu beherrschen und dessen Bedürfnisse zu befriedigen es bezweckt. Bestimmt es den Inhalt einer Willenserklärung für den Fall, daß nicht der Erklärende ihn anders bestimmt, so gilt jener Inhalt als vom Erklärenden gewollt, dieser hätte denn einen andern Inhalt bestimmt, der dann als von ihm gewollt gilt, sollte er auch in Wirklichkeit ihn nicht gewollt haben, weil er ihn nicht kannte. Bestimmt es nur, welchen Inhalt eine Erklärung im Zweifel hat, so findet die Bestimmung nur Anwendung, soweit der abgesehen von ihr durch das bestimmte Verhalten bezeichnete Willensinhalt zweifelhaft ist, und der Zweifel ist ausgeschlossen, sobald es nach der Verkehrssitte einen genau bestimmten Inhalt bezeichnet, sollte auch dieser dem Erklärenden nicht bekannt und daher von ihm nicht wirklich gewollt gewesen sein. Bestimmt das Gesetz, daß mit dem vom Erklärenden zunächst bezeichneten Willensinhalt sich ein anderer notwendig verbindet, so ist kraft Gesetzes durch die Bezeichnung des einen auch der andere bezeichnet, so daß selbst dessen ausdrückliche Wegbedingung ignoriert wird. Sie wird aber nicht ignoriert, weil eine vom erklärten Geschäftswillen unabhängige Geschäftswirkung vorläge, sondern weil jener kraft Gesetzes den wegbedungenen Inhalt in sich schließt. Die Wegbedingung eines Teils eines unteilbaren Gesamtinhaltes ist deshalb ohne Bedeutung, weil dessen übrige Teile nicht ohne jenen gelten können. Die vom Handelnden getroffene Bestimmung, sie sollen ohne ihn gelten, wird umgedeutet in die Bestimmung, sie sollen mit ihm gelten, weil wir nur die Wahl haben zwischen ihrer Geltung mit ihm und dem Ausschlusse ihrer Geltung und das Recht annimmt, jene sei dem Handelnden lieber als diese. Wer eine Sache zu Pfand gibt unter Wegbedingung der Macht des Pfandverkaufs, verbindet miteinander zwei Bestimmungen, die nicht nebeneinander gelten können, von denen aber die eine ohne die andre gilt, weil sie die Hauptbestimmung ist. Was in diesem Falle eines bestellten dinglichen Rechts, dessen Inhalt gesetzlich feststeht, niemand bestreiten wird, daß man nicht unterscheiden kann zwischen der Macht des Pfandverkaufs als einer Gesetzeswirkung und der sonstigen Pfandhaftung als einer Willenswirkung der Verpfändung, gilt ebenso überall, wo mit einem bestimmten Geschäftsinhalt sich ein weiterer von Rechtswegen notwendig verbindet. Leihe ich dir eine Sache mit der Bestimmung, daß du für den Fall ihres Verlustes oder Verderbes unter keinen Umständen sollst Ersatz leisten müssen, so ist, wenn du sie vorsätzlich vernichtest oder beschädigst, deine trotz jener Bestimmung bestehende Ersatzpflicht nicht eine Gesetzeswirkung des Leihvertrages neben der Willenswirkung der Restitutionspflicht. Wollte man diese Ersatzpflicht eine Gesetzeswirkung und die nur im Falle ihrer Ausbedingung bestehende Ersatzpflicht wegen zufälligen Verlustes und Verderbes eine Willenswirkung des Vertrages nennen, so wäre die der besonderen Ausbedingung nicht bedürftige, aber der Wegbedingung fähige Haftung für Fahrlässigkeit ein Mittelding zwischen einer Gesetzeswirkung und einer Willenswirkung, da sie zwar kraft Gesetzes ohne eine sie bestimmende Willensäußerung besteht, aber doch nicht besteht im Fall einer das Gegenteil bestimmenden Willensäußerung.

„Treu und Glauben mit Rücksicht auf die Verkehrssitte" oder was nach dieser die Teilnehmer am Verkehre voneinander erwarten können und daher einander schulden, hat Bedeutung wie für die Auslegung von Verträgen und den Inhalt geschuldeter Leistungen, so namentlich auch für die Eigenschaft und Tragweite eines Verhaltens als einer Willenserklärung. Die römischen Juristen bemerken, eine interpellatio dürfe nicht inopportuno loco et tempore erfolgen. Für unser Recht meint H. Meyer (Das Recht 1904 S. 507), nach § 284 BGB. sei „auch die unpassendste Art der Mahnung (z. B. ein Herr drängt sich in ein Damenbad) wirksam". Unbestreitbar ist, daß wir in dieser Beziehung weder besondere Bestimmungen über die Mahnung noch überhaupt eine gesetzliche Bestimmung über unpassende Willenserklärungen haben. Wer übrigens ein drastisches Beispiel einer am unpassenden Ort erfolgten Mahnung haben will, bedarf nicht des zu diesem Zweck sich in ein Damenbad drängenden Herrn, sondern findet einen köstlichen Fall in Gottfried Kellers „Fähnlein der sieben Aufrechten", wo der Rekrut Ruckstuhl dem wegen nächtlichen Lärms visitierenden Offizier, der sein Mieter und mit dem Mietzins im Rückstand ist, erklärt: „Bezahlen Sie erst Ihre Schulden, Herr Leutnant, ehe Sie die Leute aufschreiben." Weder eine solche Mahnung noch die etwa vor Gericht dem Richter gegenüber durch das Plaidoyer eines Rechtsanwalts erfolgte noch die durch den Prediger auf der Kanzel gegenüber seinem vor ihm sitzenden Schuldner vollzogene Mahnung muß der Gemahnte gelten lassen, wenngleich er sie vernommen und verstanden hat. Für die Mahnung gilt nichts besonderes; sie ist nur ein typisches Beispiel einer zu Ungunsten ihres Empfängers wirkenden Erklärung. Er muß sie nicht als empfangen gelten lassen, wenn sie unter Umständen erfolgte, unter denen er nach der Sitte des Verkehrs zu ihrer Ignorierung berechtigt war. Eine vollendete ist die zur Kenntnis ihres Empfängers gelangte Mitteilung. Wie aber eine Mitteilung als vollendet gelten kann, weil die Vollendung aus einem Grunde unterblieb, der nicht zum Nachteil ihres Urhebers gereichen darf, so kann sie auch umgekehrt trotz ihrer tatsächlichen Vollendung nicht als vollendet gelten, weil sie unter Umständen zur Vollendung gelangte, unter denen ihr Empfänger sie als eine trotzdem für ihn nicht existierende behandeln darf. Die rechtliche Vollendung meiner mündlichen Erklärung an einen mir gegenüber stehenden oder sitzenden Menschen wird nicht dadurch vereitelt, daß er durch seine verschuldete oder unverschuldete Unaufmerksamkeit sie nicht oder nicht richtig hört oder versteht, und Aufmerksamkeit auf seine Worte und ihren Sinn darf sowohl der plaidierende Rechtsanwalt vom Richter als der Prediger vom Kirchenbesucher erwarten. Private Willenserklärungen an den Richter oder einen Kirchenbesucher gehören aber nicht in das Plaidoyer und die Predigt. Sie erfolgen nicht nur, damit der Empfänger sie momentan vernehme, sondern auch damit er sie sich merke; erfolgen sie aber unter solchen Umständen, so darf von ihrem Empfänger, wenngleich er sie vernommen und verstanden hat, nicht erwartet werden, daß er sie sich merke; vielmehr ist er durchaus berechtigt, sie sich aus dem Sinn zu schlagen und als nicht ergangen zu erachten. Gereichen sie zu seinen Gunsten, so ist er nicht gehindert, sie geltend zu machen. Gereichen sie sowohl zu seinen Gunsten als zu seinen Ungunsten, wie z. B. Kündigungen, so hat durch ihre unpassende Vollziehung ihr Urheber sich in die Lage gebracht, daß ihr Empfänger die Wahl hat, ob er sie geltendmachen und gelten lassen oder nicht geltendmachen und gelten lassen will. Davon steht nichts im Gesetze. Im Gesetze steht aber auch weder, wann eine Willenserklärung ergangen, noch wann sie ihrem Empfänger zugegangen ist. Den Begriff der zugegangenen Erklärung hat das BGB. zu einem Rechtsbegriff erhoben, aber nicht bestimmt. Im Gegensatze zu solchen Rechtsbegriffen, die zwar aus der Sitte des Verkehres stammen, aber durch das Gesetz eine genauere Bestimmung erfahren haben, hat jener Begriff keine gesetzliche Bestimmung erfahren. Im Rechtssinn zugegangen ist also die Erklärung, die nach dem Sprachgebrauch des Lebens und der Sitte des Verkehres als zugegangen anzusehen ist. Dieser Ausdruck hat aber gleich der Bezeichnung des Empfangs der Erklärung eine weitere und eine engere Bedeutung, und wenn die Erklärung nach § 130 in dem Zeitpunkte wirksam wird, in welchem sie ihrem Empfänger zugeht, so ist nicht ausgeschlossen, daß es für verschiedene Arten ihrer Wirksamkeit auf ihre Eigenschaft als einer teils im weiteren, teils im engeren Sinne zugegangenen ankommt.

Die Wirksamkeit einer Erklärung besteht darin, daß einesteils ihr Urheber, anderenteils ihr Empfänger sie geltendmachen kann. Gereicht sie ausschließlich zugunsten des einen oder des anderen, so kommt nur ihre Geltendmachung durch diesen in Frage. Ihr Empfänger kann sie tatsächlich nicht geltend machen, solange er nichts von ihr weiß. Als eine solche, die er geltendmachen kann, ist sie ihm daher auch nicht früher zugegangen. Wird er doch selbst die Frage, ob ihm ein bestimmter Vertragsantrag zugegangen sei, unbedenklich verneinen, solange er von dem ihm gestellten Antrage nichts weiß. Tritt diese seine Kenntnis ein, so kann er ein Interesse daran haben, daß der Antrag als ein solcher gelte, der ihm schon früher zugegangen ist. Dieses Interesse ist aber einem inzwischen ihm zugegangenen Widerrufe desselben gegenüber kein berechtigtes. Er kann auch nicht den Antrag als einen ihm zugegangenen annehmen, wenn er die dadurch, daß er im weiteren Sinn des Wortes ihm zugegangen ist, gegebene Gelegenheit der Kenntnisnahme zerstört hat und dann durch einen Zufall doch zur Kenntnis des Antrags gelangt ist. Nehmen wir an, daß von zwei früheren Freunden, die sich miteinander verfeindet haben, der eine dem anderen, dessen Freundschaft er wiedergewinnen will, einen diesem sehr vorteilhaften Antrag macht. Dieser will mit jenem nichts mehr zu schaffen haben und zerreißt dessen Brief ungelesen. Gleich nachher erzählt ihm ein Dritter, dem jener den von ihm getanen Schritt anvertraut hat, den Inhalt des Briefs, und er nimmt nun den Antrag an. Muß der Antragsteller, wenn er den Sachverhalt erfährt, diese Annahme gelten lassen? Dies trifft nicht zu. Der Antrag war ein brieflicher. Hätte der andere von ihm durch die Mitteilung des Dritten schon vor dem Empfang des Briefes erfahren, so hätte er ihn doch nicht annehmen können vor dem Empfang des Briefes, den ja der Antragsteller vielleicht noch hätte vereiteln oder durch nachgesandtes Telegramm unwirksam machen können. Ebenso wenig kann er ihn annehmen nach dem Verlust oder Untergang des von ihm nicht gelesenen Briefs. Die briefliche Erklärung ist ihm als eine solche, die ihr Urheber geltendmachen kann, zugegangen, sobald der Brief so zu seiner Verfügung stand, daß er Gelegenheit hatte oder nur wegen eines dem Gebiete seines Lebens angehörenden Grundes nicht hatte, von seinem Inhalt Kenntnis zu nehmen. Wäre der Brief für ihn so beschaffen gewesen, daß nicht nur er ihn nicht lesen oder verstehen konnte, sondern auch der Urheber der Erklärung die Erwartung, er werde ihn lesen und verstehen können, nicht hegen durfte, so wäre er ihm auch im weiteren Sinne des Wortes nicht zugegangen. Im engeren Sinn ist ihm die Erklärung zugegangen, wenn sie zu seiner Kenntnis gelangt ist infolge der Gelegenheit zu ihrer Kenntnisnahme, die ihm dadurch gegeben war, daß ihm die Erklärung im weiteren Sinne zugegangen ist.

Unsere Annahme einer doppelten Bedeutung des Zugehens und der durch dieses gegebenen Wirksamkeit der Erklärung ist ohne Anhalt in den Worten des Gesetzes. Sie ist aber erfordert durch „Treu und Glauben mit Rücksicht auf die Verkehrssitte". Gewiß glaubt jeder nach der Sitte unseres Verkehrs sich berechtigt, wie er auch in bestimmten Fällen durch ausdrückliche Bestimmung der Postordnung dazu berechtigt ist, Schriftstücke, die er schon zur Verfügung anderer gestellt hat, dieser, solange sie nicht erfolgt ist, wieder zu entziehen, sowie Erklärungen, die er an einem bestimmten Orte angebracht hat, damit andere dort von ihnen Kenntnis nehmen, mit der Wirkung zu entfernen, daß sie solchen Personen nicht zugegangen sind, die noch nicht Kenntnis von ihnen genommen haben. Und ebenso gewiß ist es gegen Treu und Glauben, daß, wenn ich zu Hause einen Brief und ein Telegramm vorfinde und natürlich zuerst das Telegramm lese, ich die durch dieses widerrufene briefliche Erklärung soll geltendmachen können, weil der Brief vor dem Telegramm in meine Wohnung gelangt ist.

Das BGB. bestimmt das Erfordernis des Zugehens nur für Erklärungen an einen anderen, die in dessen Abwesenheit abgegeben werden. Es ist aber einmal die Bezeichnung des Empfängers der Erklärung als eines Abwesenden sehr wenig genau. Er kann im Fall einer telephonischen Erklärung weit entfernt sein, ohne ein Abwesender im Sinne des Gesetzes zu sein. Und er kann ein solcher sein, obgleich er sich in demselben Zimmer mit dem Urheber der Erklärung befindet. Sind beide nicht derselben Sprache mächtig und bedienen sie sich eines Dolmetschers, der die Erklärung des einen dem anderen in dessen Sprache mitteilt, so ist sie durch die Worte ihres Urhebers vollzogen und durch die Worte des Dolmetschers dem anderen zugegangen. Im Fall der mündlichen Erklärung von Person zu Person ist zwar die Erklärung ihrem Empfänger im weiteren Sinn durch ihre Abgabe zugegangen, weil er schon durch jene ohne eine weitere durch ihren Urheber veranlaßte Übermittlungstätigkeit Gelegenheit erhält, von ihr Kenntnis zu nehmen. Aber auch hier ist sie ihm nicht schon durch ihre Abgabe im engeren Sinne zugegangen. Hat er sie nicht vernommen oder verstanden, so kann er sie nicht geltendmachen, und seine Bitte an den anderen um Mitteilung des Inhalts der abgegebenen Erklärung ist eine Bitte um ihre Wiederholung, anstatt deren nun eine andere oder gar keine Erklärung abzugeben dem anderen freisteht.

Die Verschiedenheit der abgegebenen und der teils im weiteren, teils im engeren Sinne zugegangenen Erklärung beschränkt sich trotz § 130 BGB. nicht auf „eine Willenserklärung, die einem anderen gegenüber abzugeben ist". Sie spielt auch eine Rolle bei öffentlichen Bekanntmachungen. Wer zu einer solchen schreitet, hat seine Erklärung schon durch die Anordnung der Veröffentlichung vollzogen. Durch die Veröffentlichung wird die Erklärung als seine Erklärung wirksam, wenngleich er inzwischen gestorben oder geschäftsunfähig geworden ist. Vor der erfolgten Veröffentlichung hat sie keine Wirksamkeit. Die Menschen, die sie als eine bereits abgegebene kennen, der Bote, durch den sie an die Expedition der Zeitung, durch die sie veröffentlicht werden soll, überschickt wurde, die bei der Expedition und dem Drucke der Zeitung beschäftigten Personen usw. können sie nicht ihrem Urheber gegenüber geltendmachen, ehe die Zeitung als eine sie enthaltende ausgegeben ist. Ist es ihrem Urheber gelungen, zwar nicht die bereits gedruckte Erklärung aus der Zeitung zu entfernen, aber in die gleiche Nummer eine sie widerrufende Erklärung einzurücken, so greift § 130 II, 1

Platz. Ist die Zeitung ausgegeben, so ist die Bekanntmachung wirksam geworden, soweit ihr als solcher Wirksamkeit zugunsten ihres Urhebers zukommt; denn die Erklärung ist damit allgemein zugänglich geworden. Sie ihrem Urheber gegenüber geltendmachen kann jeder, der von der veröffentlichten Erklärung erfährt, sei es durch die bestimmte Zeitung oder auf andere Weise; denn die Veröffentlichung durch eine Zeitung bezweckt die Kenntnis nicht nur ihrer Leser, sondern ebenso anderer auf irgend eine Weise ihren Inhalt erfahrender Menschen. Wie aber auch hier tatsächlich ausgeschlossen ist die Geltendmachung der Erklärung, der nichts von ihr erfahren hat, so ist auch hier im Fall eines Widerrufs, der erst nach der widerrufenen Erklärung in der Zeitung erschienen ist, nicht abzusehen, warum dem Urheber der Erklärung gegenüber ihre frühere Veröffentlichung sollte geltendmachen können, wer von dieser erst erfahren hat, als der später veröffentlichte Widerruf schon zu seiner Kenntnis gelangt war. Natürlich bedarf überall, wo eine Erklärung zu bestimmter Zeit zugänglich geworden war, die Behauptung ihrer erst später erfolgten Kenntnisnahme im Falle der Bestreitung des Beweises.

Hätten die Verfasser des Gesetzbuchs die Wirksamkeit der ihrem Empfänger zugegangenen, aber nicht zu seiner Kenntnis gelangten Erklärung klar erkannt als einen Fall der Gleichstellung der unter bestimmten Umständen platzgreifenden Unkenntnis mit der Kenntnis, so hätten sie in manchen Fällen, in denen sie nur die fahrlässige Unkenntnis der Kenntnis gleichgestellt haben, diese Gleichstellung vielmehr, wie im Falle der zugegangenen Willenserklärung, für jede Unkenntnis ausgesprochen, deren Grund dem Lebensgebiete des mit ihr behafteten angehört. Darauf näher einzugehen wäre nur fruchtbar auf Grund einer Untersuchung darüber, inwieweit und in welchen verschiedenen Abstufungen in verschiedenen Fällen der Kenntnis eines Umstandes seine Unkenntnis gleichgestellt zu werden verdient. Ohne dieses umfassende Problem hier behandeln zu können, hofft der Verfasser doch erwiesen zu haben, daß die Wirksamkeit der ihrem Empfänger zugegangenen, aber nicht zu seiner Kenntnis gelangten

Erklärung ein Fall solcher Gleichstellung ist, bezüglich dessen zu unter=
scheiden ist die Möglichkeit der Geltendmachung der Erklärung durch
ihren Urheber und durch ihren Empfänger, wobei sich von selbst
versteht, daß ihre durch ihren Urheber erfolgte Geltendmachung
ihr Geltung auch zugunsten ihres Empfängers verleiht, soweit ihr
Inhalt diesem zugute kommt. Der Verfasser hat schon in seinem
Kommentar zum allgemeinen Teil des BGB. (S. 293) das Be=
dürfnis dieser Unterscheidung betont. Er hat aber damals noch
nicht gewagt, sie als eine zu Recht bestehende anzusehen. Immer
mehr befestigt sich in ihm die Überzeugung, daß die Auslegung des
Gesetzes vor allem zu erfolgen hat in dem Sinne, der dem Be=
dürfnisse des Lebens am meisten gemäß ist. Er glaubt darin einig
zu sein mit dem verehrten Kollegen, dem zu seinem Jubelfeste
diese Zeilen gewidmet sind, die in keiner Weise abschließend sein
können und wollen, aber doch die von ihnen behandelten Fragen
etwas gefördert zu haben hoffen.

Printed by Libri Plureos GmbH
in Hamburg, Germany